物物

Butsu Butsu

集　猪熊弦一郎

撮　ホンマタカシ

選　岡尾美代子

文　堀江敏幸

編　菊地敦己

Butsu Butsu

Collection by Genichiro Inokuma

Photographs by Takashi Homma

Selection by Miyoko Okao

Essay by Toshiyuki Horie

Editing & Design by Atsuki Kikuchi

Editing & Notes by Kanako Furuno

Supervising by Marugame Genichiro-Inokuma Museum of Contemporary Art / The MIMOCA Foundation

Published by BOOK PEAK (ATSUKI KIKUCHI Ltd.)

4-25-5-3F, Minami-aoyama, Minato-ku, Tokyo, 107-0062

T +81 3 6805 0362

F +81 3 6805 0363

studio@akltd.jp

http://atsukikikuchi.com

Third Edition

Printed in Japan

ISBN 978-4-902519-06-8 C0072

はじめに

永い画家の生活をしていると住居の中には、いろいろなものが私達の本当に良き友として、あるものはまるで恋人のように静かに同居している —— 猪熊弦一郎*

猪熊弦一郎（1902 – 93）は、自分のテイストに触れる物をいつも身近に置いて、暮らしや仕事の糧としていました。いつのまにか大量に集まったこれらの物は、現在「猪熊コレクション」として丸亀市猪熊弦一郎現代美術館（MIMOCA）に収蔵されています。なかには、戦前に暮らしたパリや戦後に拠点としたニューヨークで出合った物も多く、特にアーリーアメリカンのコレクションには、専門の博物館に陳列されてもおかしくないような貴重な物も含まれています。けれども、高価なアンティークも生活雑貨も、道で拾った小さな欠片でさえも、猪熊にとっては区別なくその一つ一つが「良き友」であり「恋人」であったのです。

『画家のおもちゃ箱』*という著書で、猪熊はこれらの物への思いやエピソードを綴っています。猪熊の自邸で撮られた写真が見開きで配され､物との親密な暮らしぶりが一層伝わってきます。一方で、猪熊のセンスに貫かれたこの本には、彼の画家としての本質もあらわれています。

こんな本があることを前提に、本書は作られました。MIMOCAに残された大量の物のなかから、岡尾美代子が自身のテイストに触れる物を選び、ホンマタカシが一つ一つ撮影しました。およそ百個の物たちが、ひととき持ち主を離れ、それぞれに魅力を発揮します。どうぞごゆっくり、一つ一つ、つくづくと見てやってください。かつてそれらがともにあった画家と同じように。

*『画家のおもちゃ箱』 著者：猪熊弦一郎 写真：大倉舜二 発行：文化出版局 1984年

索引

19 21 23 25 27 29 31 33

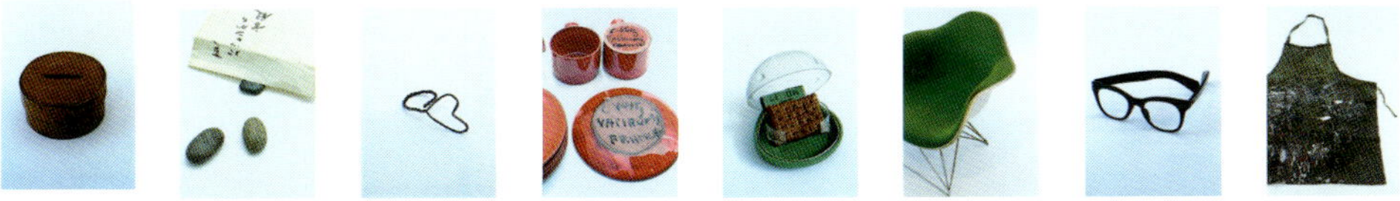

45 47 49 51 53 55 57 59

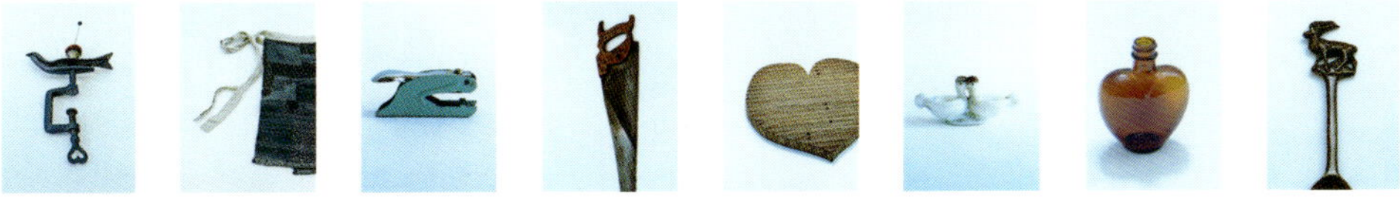

71 73 75 77 79 81 83 85

97 99 101 103 105 107 109 111

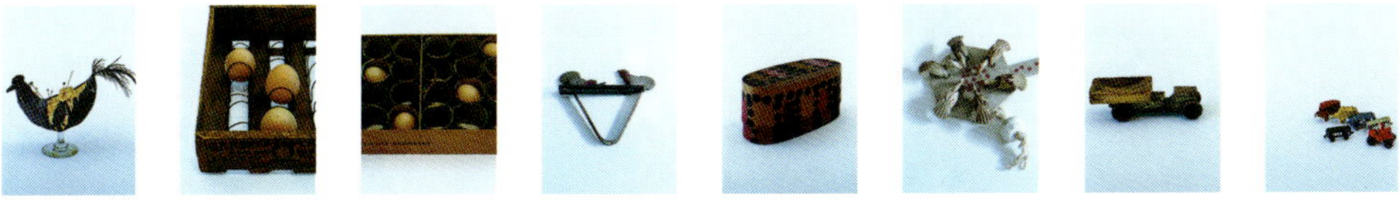

123 125 127 129 131 133 135 137

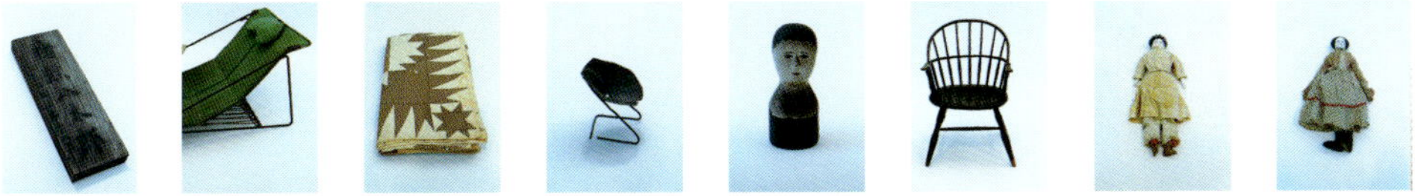

149 151 153 155 157 159 161 163

177 179 181 183 185 187 189 191

203 205 207 209 211 213 215 217

写真の対向頁は、撮影中のホンマタカシと岡尾美代子の会話。

H ＝ホンマタカシ

O ＝岡尾美代子

頁下には、丸亀市猪熊弦一郎現代美術館（古野華奈子）による注釈を記した。

H　そのナベ撮っていい？

O　ナベ？

H　あ、ナベ、ナベだっけ？　要は、その……。

O　カップかな。

H　カップ！

O　フフフ。

H　どう見てもナベじゃない。

O　フフフフ。おなかすいてるんじゃないですか。

アーリーアメリカン、ブリキのマグカップ。

H　しっぽは何で出来てるんですかね。

O　藁？

O　耳もねえ、なんか。

H　耳、固いの？

O　けっこう。

H　ブリキ？

闘牛のおもちゃ。角はブリキ。

0　私、これ好きなの。

鉛筆画の作者は不明。

O　鳥です。

アーリーアメリカン、ブリキのデコイ。

ハンティング用のおとりで、水辺に立てて水鳥を誘った。

背から半分に割れるのは重ねて何枚も持っていくため。

H　何？　ポスト？

O　なんか、さっきの鳥が刺さってた台みたいなものなのかも。

でも、何となくこう、ちょっと意味ありげな。

H　ああ、そうだねえ。なんかやってあんね。

O　なんかつっこんでますよね。

H　つっこんでるねえ。

O　ちっちゃい。ラムネですよね。

高さ約14cm。口にはコルク栓が入っている。

H　先生、ビン的なものが好きなのね。

O　いっぱいありましたよね。

……「好きなのね」って言いましたよ、今。

H　ハハハハ。

体積を量る目盛り付き、左側は単位DR（ドラム）、右側はCC。
アメリカ製。

H　いいねー。

O　いいね、いただきました。

O　これ、ビーチコーミングとかで拾ったのかも。

角が切れそうな感じではありません。

FLAVORE
Beverage
NE WA

O　これは赤毛のアンがお嫁に行くときに、

おばさんからもらうやつみたい。

H　ちょっと落武者っぽいけどね。

O　すごいカメラ目線ですね。この人たち。

H　うん。

O　ちょっと不満そうですけど、後ろの人が。

アメリカで買ったイギリス製の犬。

H　これ、どうやるんですか？

O　こうやって揺らして。

H　へえ。

O　これをどこから見るかっていう。

H　どこでもいいっちゃどこでもいい。

O　こうしても三角がかわいいんです。

黄色が見えたほうがいいかな。

H　このほうがいいかな。

「巨大なモニュメントのような彫刻を作るときは、
まず手ごろな大きさで作ってバランスを見る。
これは色の組み合わせのバランスが楽しいオブジェ。
（中略）大きくするとのびのびとして気持ちいい。」
（猪熊弦一郎、『ミセス』1993年8月号目次ページ、文化出版局）

29

O　ハシゴです。

H　ハシゴが1コ、ポツンとあると何かすごい孤独感があるね。

O　……。

H　返事してくれない。

O　支える人なのに。

H　ハシゴさん、支えるばっかりなんだね。

「小さいはしごは大きなはしごと同じバランスで立っている。」

（猪熊弦一郎、『ミセス』1993年7月号目次ページ、文化出版局）

o　鳥です。笛です。

O　木靴、です。

H　うんうん。木靴。

O　フランダースの犬のアロアが履いてそうな靴だなと思って。

H　木靴に関してはうるさいですよ、岡尾さんは。

O　ペレっていう映画でもおじいさんが履いてました。

すごい貧しくって、たしか息子の誕生日のお祝いに

牛乳とベリー5粒ぐらい。

O　アメちゃんです。

H　南極。

O　ん？

H　南極って書いてありますよ。じゃなかったっけ？

O　あ、サウスポール。

H　ちょっとこのアメちゃん、七五三のアメちゃん的なあれなのかな。

O　うんうん。

H　南極の七五三。

O　フタがあるとわかんないんですけど、口のとこもかわいいですよね。

H　開ける？　開けてみる？

5¢
W. A. MILLER INC

NET WT. 1-3/4 OZ. OR OVER
5¢
Mfg. by
W.

GREDIENTS: REFINED CANE SUGAR, CORN SYRUP, ESSENTIAL OILS,
TRIC ACID, ARTIFICIAL FLAVOR, U.S. CERTIFIED COLOR ADDED.
LLER, INC.
Boston, Mass.
5¢

O　この人なんですけど、ちょっと、

　スカートの中が見えた方が、かわいい気がするんですけど。

H　うーん、ちょっと見せてください。

O　グラビア。エロ土鈴。それ、マズイですね。

0　宇宙。

猪熊の妻、文子がニューヨーク郊外のアンティークショップを巡って
少しずつ買い集めたアーリーアメリカンのマーボロ（ビー玉）。

・バーミングトン（陶器）
上ぐすりのあるやきもの玉
・マーボロ（ほんとのマーブル）

0　小さすぎる貯金箱。

直径約6cm。

O　袋がバッキンガムっていうのも可笑しいです。

H　何ですか、これ。鉄？

O　ハリガネみたいな。

H　ハリガネの一筆書き。

1991年、丸亀市猪熊弦一郎現代美術館の開館記念品のための試作。
当時は実現せず、その後商品化された。

H　字がかわいいなあ。

O　そうなんですよ。

陶器の町として知られる南仏ヴァロリス製。C. Voltzは陶工の名前。

FRANCE

O　あ、わかった。

関係ないものに入れてるんですね、これ。

ビスケットは木製。1960年に猪熊が作ったもの。裏にサインあり。

LEUBA

O　髪の毛が付いてる。猪熊さんのだったらとっとかなきゃ。

H　先生のだったら保存しとかなきゃね。

イームズのシェルチェア。

イームズ夫妻と猪熊夫妻は親交があった。

H　めがね、めがね。

老眼鏡。誰のものかは不明。

O　ヒッコリーストライプのデニム。

H　こういうストライプのことを

ヒッコリーストライプって言うんですか。

O　そうです。なんか、手作りっぽいですね。

H　かっこいい。

O　クール。

H　裏もかわいいっぽいねえ。

O　あ、ほんとだ。

H　何かを再利用して作ったのかなあ。

O　ズタ袋的なもの。

この紐、どうやって使ってたんだろう。

胸のところに継ぎ目が。補強みたいなのしてます。

H　ねえ。

生地は酒袋。

O　時間を感じるタイルです。

O　メーカーの表記が違うのはなぜなんだろう。

裏のロゴは２種類あるが、表記違いで同じメーカーのもの。西ドイツ製。

3
2
1
5

O　鈍器になりますね。

H　……。

びん底に、製造過程にできる傷跡がある。アーリーアメリカンの特徴。

H　ガチャーン、ガチャガチャガチャガチャガチャーン。

　　ガチャーン、大当たりー。

O　動くんですかね、これ。

H　取っ手、取れちゃいそう。

アメリカ製のおもちゃ。

O　鳥とハート。

H　りんごのってるの？

O　違う。絶対違う。

これピンクッションなんですよ。

アーリーアメリカン、1860年前後のもの。真鍮製。
裁縫道具。取り付け金具で机に固定し、鳥のクチバシで布を挟み引っ張る。

O　ごっついですよね。

H　前掛けですか？　ちょっと格闘技的前掛け感が……。

O　おすもう。

H　藍染の。

O　ステープラー。

H　うさぎステープラー。

O　確かに。

エンボス印を押すための事務用品、エンボッシャー。
ステープラーではない。

O　乙女鋸。

H　切れ味いいんだかわるいんだか。

歯の長さは66cm。アメリカ製。

O　ハートです。

H　ハートに穴が空いてる。

O　ロマンティックな発言。

H　そういうことにしときましょう。

H　仲良すぎて、くっついちゃってる。

パリで購入した塩コショウ入れ。

H　またハートちっくだよね。

O　ハート欠乏症。

H　猪熊さんが？

O　いや、私が。

猪熊さんはハートが満ち足りてましたよね。

O　これ、ホンマさんが好きそうな。ほら。

H　ハハハ。

85

O　裏もかわいいんですよ。

H　うーん。

ナイフとフォークはアーリーアメリカンのもの。
木製の握り部分がしっかりとつくられている。皿はイタリア製。

O　シェーカーボックス、箱です。

H　なんて書いてあるの？

O　分からない。

アーリーアメリカンの曲木のボックス。
持ち主の名前が焼印で押されている。

O　これ、羊の毛切るやつかもしれない。

H　これ何だろう。

O　刷毛じゃないですか？

H　箒？

O　箒と刷毛の境目は何なんですか？

O　この子、ちょっと傾いてる。

O　ハリとか刺したほうがいいですか。

H　え、何、ツボを教えてくれてんの？

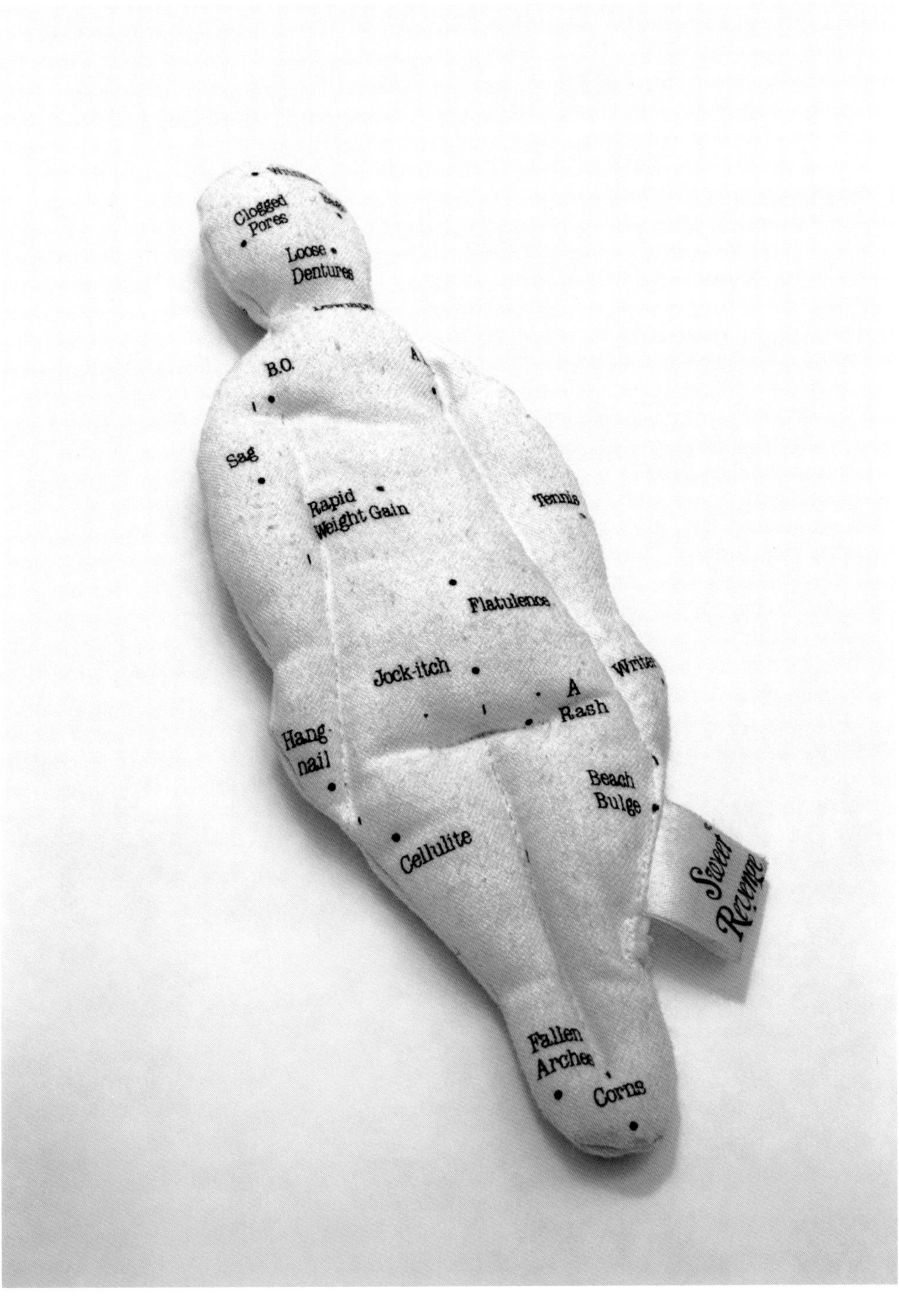
Clogged Pores
Loose Dentures
B.O.
Sag
Rapid Weight Gain
Tennis
Flatulence
Jock-itch
Writer
A Rash
Hang-nail
Beach Bulge
Cellulite
Fallen Arches
Corns
Sweet Revenge

H　そうめんじゃ流れちゃうよね。

O　アメリカには、そうめんないですよね。

H　あ、ゆで卵用かな。

アーリーアメリカンの水切り。

O　これ何するものだかわかります？

H　うーん、お茶、じゃないなあ。なんか濾すものですねえ。

O　私あの、シンクのゴミとるやつじゃないのかな、と思って。

H　あー、なるほどー。

O　今、シリコンのこういう形のがあるんですよ。

もしくは、石鹸置き？

H　あ、石鹸置きかあ。

O　でも浅すぎますよね。

H　オレ、鰹節の出汁濾すのかと思った。

O　ん？

H　出汁を濾すやつかと思った。

O　出汁？　フフ。

アーリーアメリカンのもの。

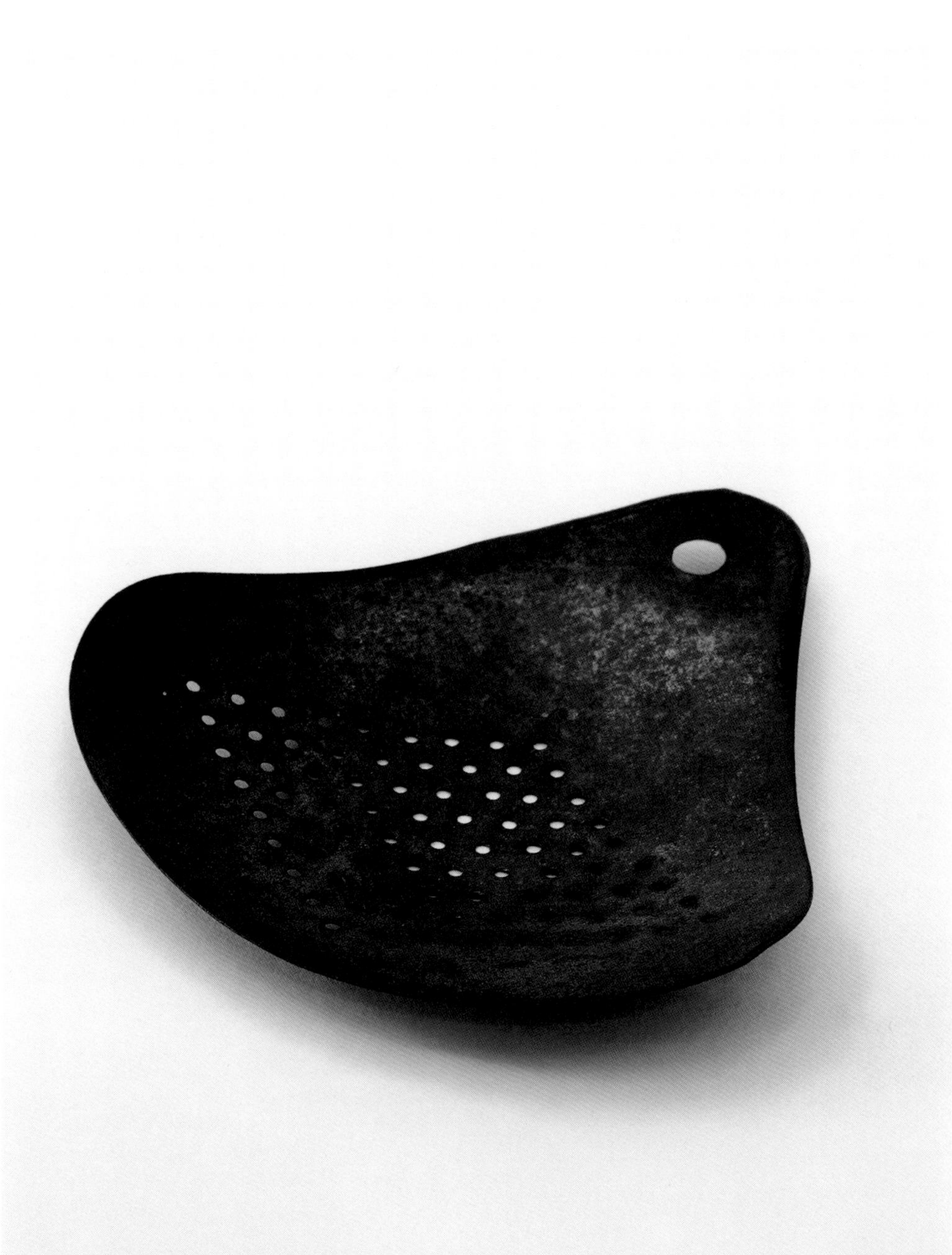

O　ニンニクとか入れて吊ったりしてたのかな。

風通しがいいから。

H　梅酒入れるの？

H　どこのなんだろうね。

O　なんか、でも、フランス語。牛乳？

あっ、子どもって書いてます。

H　どこ？　あ、「アンファン」ね。

子どもにおすすめって書いてあんのかな。

じゃ、やっぱり牛乳かなあ。

O　肝油的なものとか。

パリの牛乳びん。パリ滞在時の思い出の品。
毎朝、大きな馬車でドアの前まで届けてくれたそう。

LAITERIE DU DOMAINE DE
AIGNAN-EN-BEAUCE (EURE
RECOMMANDÉ POUR
MALADES ET ENFANTS
ANCÉ MON COMMANDEUR
Minard
SUCCESSEUR
21. AVENE DES GOBELIN

O　ろうそくの芯を切る鋏です。

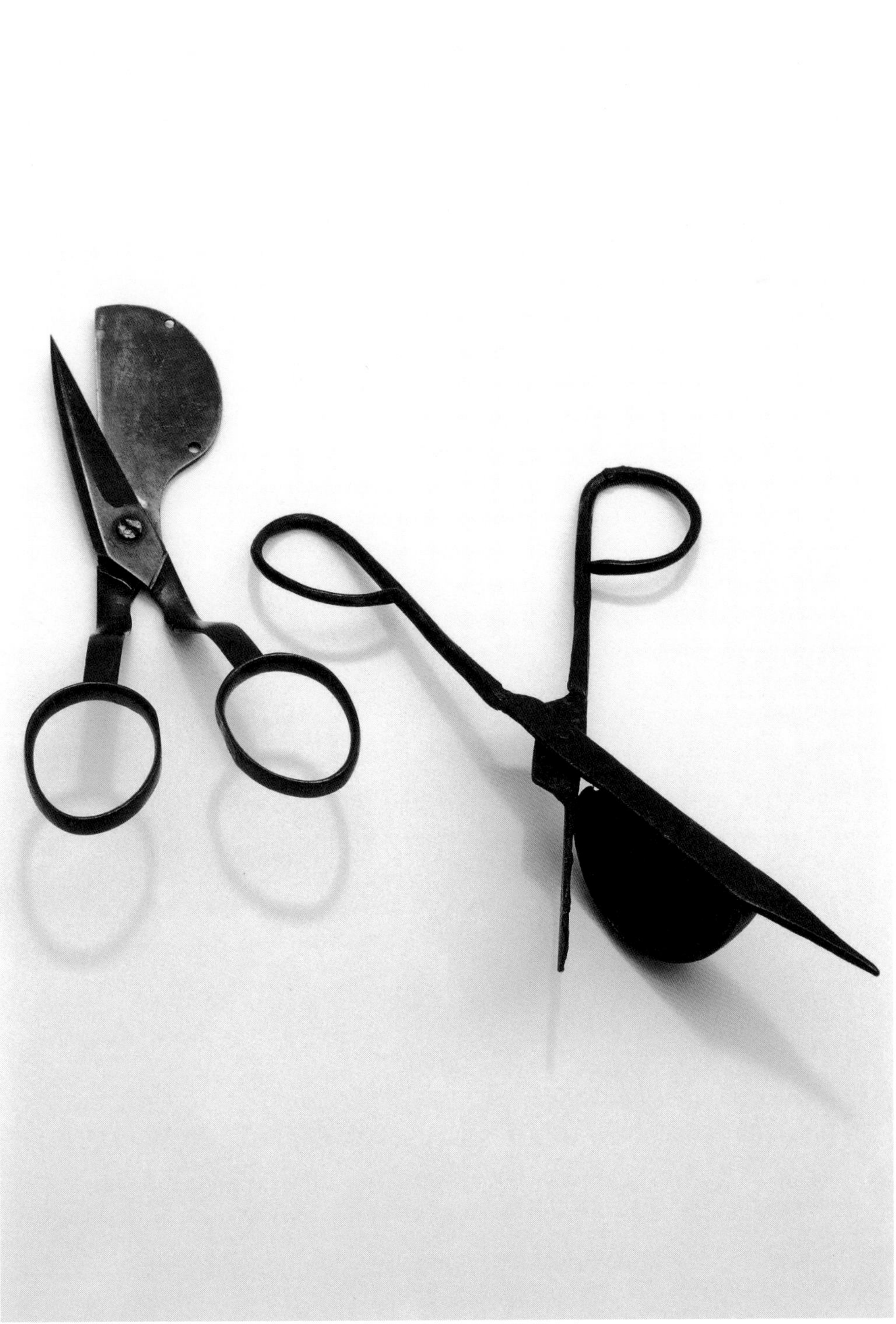

O　猪熊さんは割れてもくっつけてますよね。こういうの。

H　くっつけてますねえ。このねえ……。

O　すごい、いろいろありました。そういうの。

H　でも昔は普通だったのかなあ。

O　うーん。風水的には良くないって。

H　良くないんだ。

O　なんか、割れてる食器は捨てなさいって聞きましたけど。

でも、いんだなって思いました。昨日、収蔵庫を見てて。

O　愛情がありますよね。すごく、ね。

H　うん。

O　ちょっとこの破けてるのが。

H　うん。いいねえ。

アンティークの手編みの籠。

特殊な草で編んでおり、水を入れることも出来るらしい。

O　これも割れてるマグカップで。

H　割れてるけど直してる？

O　なんか後ろもかわいいんですよ。

H　ああ、後ろ、いいね。メキシコ。

O　なんか、お土産物っぽいんですけど。

猪熊さん、お土産屋って感じのものも、多くあります。

ALFARERIA
JIMENEZ
ZARAGOZAHIJS
GRABadoMITLA
HECHOAMANO
OAXACA
MEXICO

O　アイスクリームスプーン入り。

カップは家庭用計量カップ。1/3と1/4の目盛り付き。

O　たぶん、アメリカの。

古着屋でこういうの買ったことあります。

アーリーアメリカンのコインシルバースプーン。
銀貨から作ったといわれている。

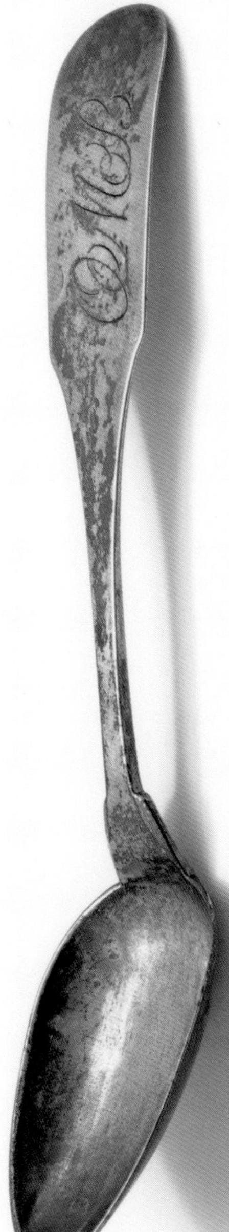

O　なんだか、異常にマグカップとかばっかり選んでるんですよ。

H　アハハハ。

O　そういう持ち手のあるものに、惹かれるんですかね。

H　いいじゃないですか、岡尾さん的で。

O　すみません。

O　マドレーヌ型。

一番下は、アーリーアメリカンの手作りのプディング型。ブリキ製。
猪熊は灰皿として使用していた。

O　これ、中、綿なんですね。

ワイングラスをベースにしてつくっているんじゃないかな。

パリのアンティークショップで購入。

H　これ、逆さにしても落ちないの？

　固いけど柔らかい、みたいな。

O　すごい。アイデアが。

H　ヒヨコ売ってる巣箱みたいだね。

　子どもが買いたいって言って、お母さんがダメって言う。

アーリーアメリカンの卵の輸送用パッケージ。
コネティカット州のアンティークショップで発見したが買わず、
ずっと気にかけていたら、1年後に偶然、友人からプレゼントされた。

GARDNER-EGG-
made only
WINCHESTER
BoxMfgCo
The largest Steam

TED JULY 29,1884

O　中国なのかな。

H　これ何ですか？

O　これもおもちゃです。

O　これ、猪熊さんが着色されているような気がします。

H　そうだよねえ。きっとそうだよねえ。

O　うん。そんな気がする。

H　弁当箱？

でもちょっと船のような、マンハッタンのビルのような。

O　ステキ発言ですね。

H　ちょっと太っちゃったフラットアイアンビル。

O　ハハハ。

作者は不明。

O　鳥が多いですよね。

H　ですね。

裏に「インド　アグラ」と手書きで記載あり。インド製？

H　これはおもちゃですよね。

O　そうですね。木のトラックですね。

0　ちっちゃな連結。

鉛製の自動車。1955年サンフランシスコのおもちゃ屋さんで購入。
が、日本製だった。

H　この人は巨人じゃない？　だって、乗れなくない？

O　これ、私、郵便局の人かと思ってました。

H　あー、そっか。エクスプレスだからね。

O　ちょっと内股っていう。どうしよ。

H　内股、いいじゃないですか。

O　あー、反対にネジがついてました。ホンマさん。

H　あ、これあれか、オルゴールなのか。あ、違うか、歩くのか。

O　うん。がんばってる感じしますね。

アンティークのブリキのおもちゃ。Lehmann社（ドイツ）の“Express”。

EXPRESS

O　これはあの、手紙の重さを量るやつです。

H　うわあ、すごいね、これ。ああ、すごいね。へえ。

針の指す位置で３種類（印刷物、航空便、第１種）の郵便料金がわかる。

AIR MAIL
PAR AVION
INTERIORS
URGENT NOTICE.
U.S. POSTAGE 45
next month, you won't receive INTERIORS unless we
newal.
HAMILTON
SCALES
FIRST CLASS
AIR MAIL
OUNCES

H　これDMなんだ、洒落てるねえ。

そういう、いい時代だったんだろうねえ。

ニューヨークっていいなあ。

ニューヨークのギャラリーからの展覧会案内状。
ぶら下がった紙切れはクリーニング店のタグで、猪熊がつけたもの。
Mのバッジはメトロポリタン美術館の入館証。

M
JOHN WILLENBECHER
Tom Wesselmann
JAMES ROSENQUIST
RAUSCHENBERG
May 5–May 30
THE ARTISTS COLLECT
INDIANA
Marisol
George Segal
Richard Feigen Gallery · 24 E 81 St · New York

O　手が合わさってるのが見える。

猪熊さんは手のモチーフも好きですよね。

145

O　ペコペコしてる。

O　顔がいいですよね。

H　モンゴルみたいですよね。モンゴルの白い馬、みたいだね。

O　そうですね。だからロマンを感じるんですかね。

ブリキ製。

O　やたろう。

はちたろう。猪熊の実父。

H　ハート好きなの？　猪熊さん。

O　逆さハート。

猪熊が父親のためにデザインした寝椅子（1952年）。

H　これ、岡尾さんのじゃない？

O　欲しい。ください。

アーリーアメリカン、19世紀のパッチワーク・キルト。
これは教会のバザーで購入したもの。

H　誰用？

猪熊が作ったミニチュアの椅子。

O　これ軽い。

パピエマシェ（papier mâché：パルプを膠などで固めたもの、張り子）で作られた19世紀のもの。パリで購入。

H　これ、ちょっと普通なのかな。

O　普通じゃないですよ、これ。

アーリーアメリカンのウィンザーチェア。
ニューイングランドのアンティークショップで購入。
フープバックウィンザーと呼ばれるタイプで、
半円形の横木がそのまま肘掛になっているのが特徴。

O　顔や手が陶器なのがいいですね。

アーリーアメリカンのもの。妻、文子のコレクション。

H　足がかわいいね。

O　足がかわいいです。

テキスタイルもかわいいですよね。レースとか。

H　後で二人並べて撮りたい。

アーリーアメリカンのもの。妻、文子のコレクション。

O　アシカ。

H　えっ？

O　アシカ。

H　ああ。

O　じゃ、この子。

H　はい。

H　ワールド、トレード、フェアー？

U. S. WORLD TRADE FAIRの出品者バッジ。

EXHIBITOR
TRADE

H　落ちてるのかな、こういうの？

O　専門の店があったりします。

数字の7はアーリーアメリカンのオールドスタイルレターで、
番地を表示するために家の入口につけられていた木製のプレート。
建築家のバーナード・ルドフスキー夫妻から猪熊の妻への贈り物。
ラッキーセブン。Gは弦一郎、Fは文子の頭文字と思われる。

G
F
7

H　これとかさ、タグが作品だよね。

O　かわいいよね。

A
Demi–
John Bottle
18~~40~~92 –

O　錠前。

H　どこの錠だろうねえ。

O　GR.と王冠が刻印されているからイギリスかな。

H　牢屋についてそうな。

猪熊によるとカナダの鍵。

H　これ、どこの鍵なんだろう？

O　……。

12 19

O　ニチドー。

H　そのままじゃないですか。

イタリアの彫刻家ジャコモ・マンズーが、老舗の洋画商、
日動画廊の創業55周年記念のために制作したブロンズメダル。

NICHIDO
CINQUANTACINQUESIMO
ANNO·1982
MANZÙ

H　汚れとか、見えたほうがいいよね。

H　これ、なあに。

O　何でしょうね。

H　これ、机掃くやつ？

O　かなあ？

O　寝かせるとかわいい気がするんですけど。

H　うん。うん。

近所の床屋さんからもらった使い古しのブラシ。

柄の赤い色は猪熊が塗ったと思われる。

O　妖精だと思います。トロール。

H　ああ、トロールか。妖精にしてはだいぶイカツイような。

O　かわいい、この人。

身長2.5cm。髪の毛を入れると5.5cm。

H　ほら、また岡尾さんの。

O　欲しい。

アーリーアメリカン、19世紀のパッチワーク・キルト。写真は裏地。

表地のパターンは“フラワーバスケット”。

これは手縫いではなくミシンを使っている。

O　これも欲しい。

O　これ、一番はじめに選びました。

まず模様が目に入って、実際に使っていた感じが……。

メキシコ製。

O　作品ですね。1956年。先生、チャーミング。

ニューヨークで猪熊は一時期、大工学校に通っていた。
そのころ自分で糸のこを引き、色を塗って作ったオブジェ。

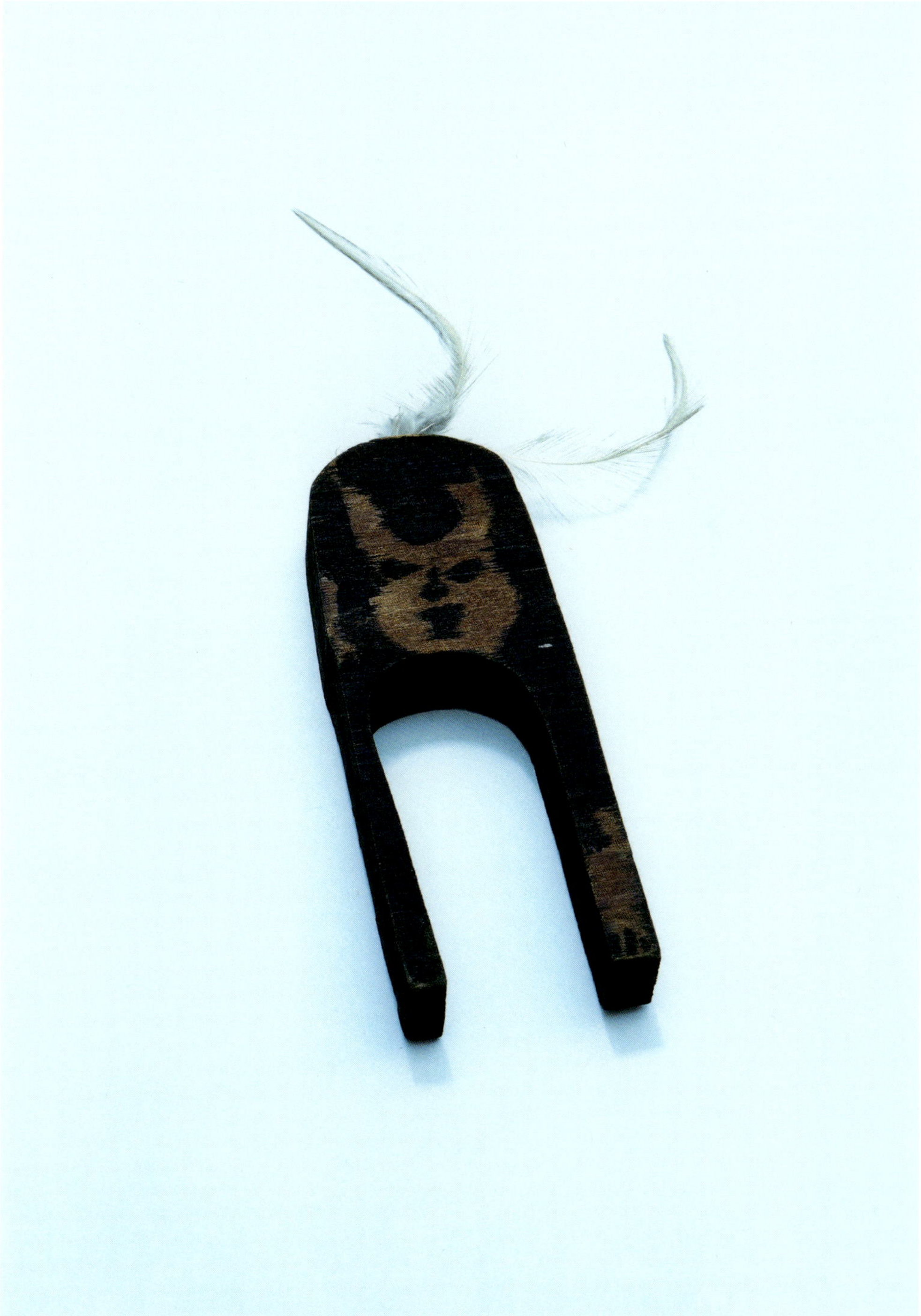

H　かき揚げだなあ。

O　大かき揚げ。

1956年のメキシコ旅行で購入。

メキシコの伝統的な工芸品で、生命の樹（Árbol de la vida）と呼ばれる。

これは燭台になっている。

H　くわえてるねー。

O　そうなんです。お魚くわえた。

裏にシールが貼ってあり、「弘前 ¥0.10」と記されている。

H　これ、かんざしですか？

O　私、釣りか何かの道具かと思ったんですけど。

H　アフリカの先住民が頭に挿すやつみたい。

魚釣りの浮き。錘は素焼きに着色してある。

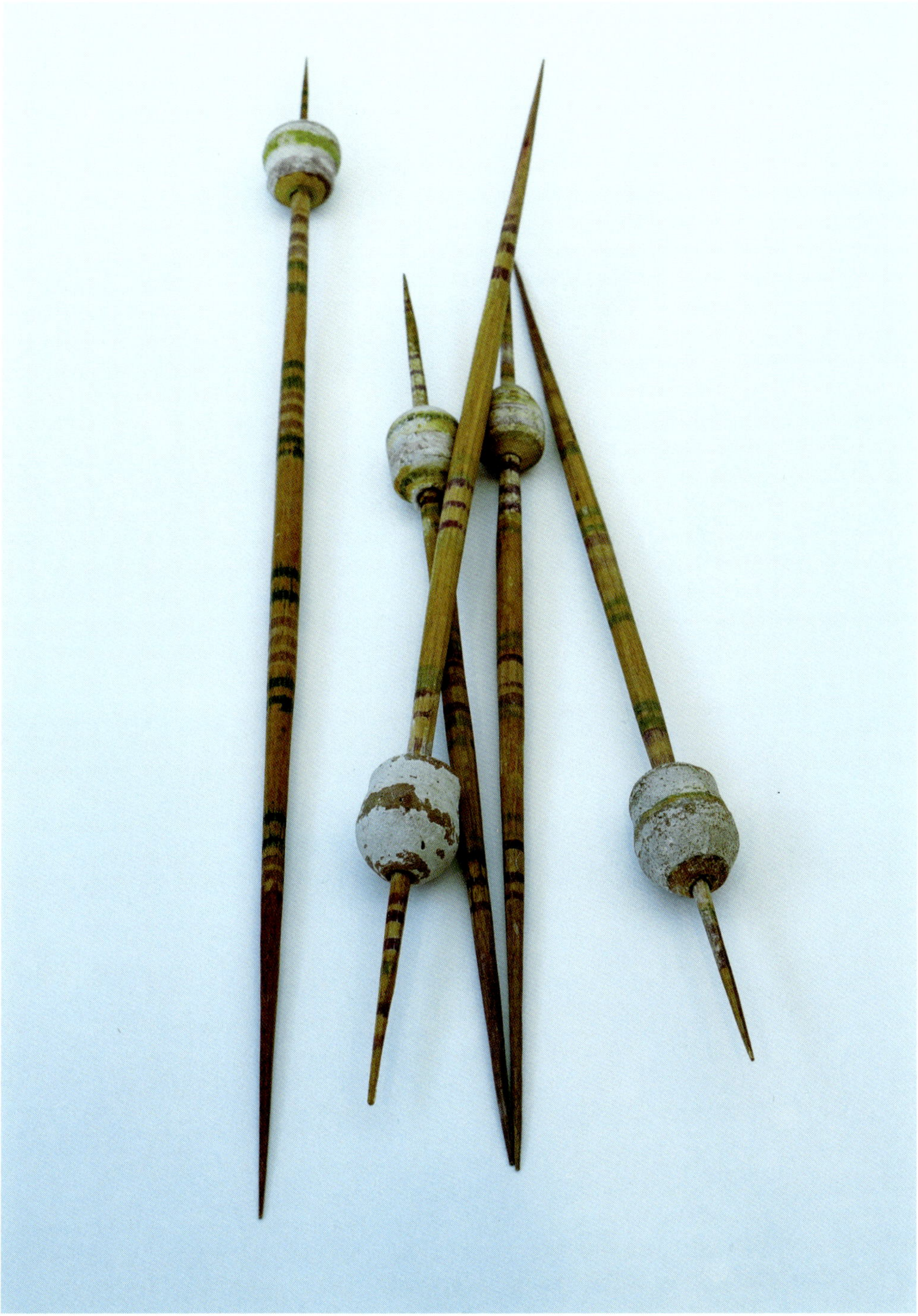

201

O　フフフフ。立たないですよね、これ。

　邪悪、邪悪な顔。フフフ。

H　猪熊さんが作ったのかな。

作者は不明。

O　これ、おにぎりですよね。

H　おにぎり石です。

一辺4.5cmで、ほぼ正三角形。

H　でんでこでんでんでこでんでこでんでこ

O　だそうです。

H　デンデコデーン。

1956年、メキシコ旅行中に購入。

オホ・デ・ディオス（Ojo de Dios）と呼ばれる。

神の目という意味で、子供たちの成長を願って作られる。

祭事などで使われる。

H　キノコ入れよっかな。

O　ハハハ。

ネイティブ・アメリカンが作った、木を細かく裂いて編んだ籠。
取っ手の取り付け部分が精巧に出来ている。

H　違うでんでこでん。

O　でんでこ。

笛。息を吹き込むと音が鳴って風車が回る。

H　そろばん出てきました。

O　そろばん、ねえ……。

H　岡尾さん、そろばんできんの？

O　私、大っきらいでした…。

H　キツネ？

O　わからない。おなかが。

H　謎の動物。

O　タヌキっぽい。

H　岡尾さんにもちょっと似てますよね。

O　おなかですよね。

H　おなかっていうか、全体の雰囲気。

O　おなかですよね。ちぇっ。

215

H　ギョロメ。

O　なんか、虫っぽいような。

如何なる眉毛の下に

—— 猪熊弦一郎の「もの」たちに寄せて

堀江敏幸

古いモノクロのグラビアのなかに、たっぷりした黒髪を中央で分け、丸い眼をこちらに向けた猪熊弦一郎がいる。晩年の写真で親しんできたあのゲジゲジのように立派な眉も、位置がずれているとしか思えない大ぶりな眼鏡もそこにはない。戦争勃発のため急遽フランス滞在を切りあげてから9年、敗戦から5年が経過した占領下の日本である。画風を過激に転じる契機となったニューヨーク行きまで、さらにあと5年待たなければならない。田園調布のアトリエで制作に励んでいる画家は46歳。「美術手帖」1949年11月号に掲載された「アトリエ訪問」のための一枚なのだが、画家の若々しさだけでなく、撮影者が土門拳、訪問者が辰野隆という組み合わせにも眼を奪われる。

東京帝国大学の初代仏文科教授をつとめた辰野隆は、1920年代初頭にパリに留学していたから、ふたりの会話がフランス体験に傾くのは自然な流れで、異都の思い出話は興味深いけれど、ここで重要なのは、アトリエに置かれたさまざまなオブジェの写真と、それらにまつわる逸話のほうである。画家が「10号大の平たい石の入った箱」を取り出し、ひとつ摘んで差し出しながら、「先生これパリの鋪道の石です。こんなキレイな石でパリの道が出来ているんですね。(略) これモンマルトルのドームの角のやつですよ。きれいですね、パリの何人がこれを踏んでるか……」と言う。すると辰野隆が「猪熊さんはこうしたコレクションに興味あるの？」と問いかける。

「いえ――、そうじゃない。パリへのノスタルジーなのです。／これはパリの家のカベですよ、こんなキレイな色をしているんですね」

コレクションには関心がない、これは集めようとして集めているのではなく、過ぎ去った時間と空間に対する、ごく個人的なノスタルジーの具現だということなのだろう。自分が大切にし、慈しんでいた日々のかけらが刻まれていさえすれば、高価な芸術作品である必要はない。鋪道の石でも配達用の牛乳瓶でも壁の一部でも、当人以外にはほとんど意味をなさない些末な「もの」でじゅうぶんなのである。訪問記の随行編集者は、画家のアトリエが「あらゆるスーヴニェールの陳列室」であり、「それに匹敵出来るのは嘗ての藤田嗣治氏のアトリエぐらいであろう」と卓見を示しているのだが、完全に統一された美意識に基づいて選別され、他の調度にあわせてうまく手を加えられていたフジタの「もの」たちに比較すると、猪熊弦一郎のもとにあるのはがらくたに近い。特別な基準もなくただ気に入ったというだけの理由で買ってしまい、しかるのちに「見立て」がやってくる。キャプションのひとつに、こうある。

窓の下　人形に見えるが、実はマドモアゼルが夜会から帰って来た時、ボンネットを掛ける帽子掛。とても軽い張子。1860年製。日本のこけしのように一杯集めているフランス人がいるそうである。「男に棄てられても、男ってそんなものだと泣いて諦めるような優しい顔立ちをしているではありませんか」。夫人はこの顔を見ているとヒス沈静剤になるという。氏が最も愛するコップ、何故ならば猫が浮彫してある

仏語でパピエ・マシェと呼ばれる張り子の帽子掛けと古びたガラスのコップをおなじ場所に飾るのは、両者に特別な結びつきがあったからではないし、静物画のモチーフにするためでもない。海の向

こうで過ごした日々と「もの」をめぐる想像が溶け合い、「もの」がたどってきた時空への慈しみが、つい「マドモアゼル」の一語を使わせてしまったのだ。べつの写真の下には、こんな言葉が記されている。

鉛管のオヴ《(ママ)》ジェ　竹藪から偶然拾って来た鉛管。夜中にこの鉛管を色々に折り曲げていると、思いがけない美しい線を発見するという。「中には銅線がつまっているんだが、ジッと見ていると、中が空でないということは分りますね、線の強い充実感で分りますね」

これもまた、雑談に留めておくには惜しい貴重な証言だ。鉛管の線の強さと中が空洞でないことを当然のように関係づける感覚は、彼の絵の、女性や猫の顔の輪郭に生かされている。このまなざしで、彼は張り子の娘の、心のむなしさよりも強さのほうを捉えていたのだろう。また、「思いがけない美しい線」としての鉛管を凝視する眼は、1960年代の《都市計画》や《スネークライン》のような線を引く未来の自分をも透視していたのかもしれない。「もの」をどのように愛し、どのように捉えているかに着目すれば、ニューヨークに出る前の、人生のちょうどはざまの時期にも、ただ目覚めていなかっただけで、抽象を受け入れる感性の根はすでにあったと解したくなる。

じっさいのところ、猪熊弦一郎と「もの」たちの付き合いは、パリよりもニューヨークでの生活のほうが、質量ともに多様である。カチナドールとの出会いを含むアーリーアメリカン芸術への傾倒は言うまでもなく、そこでの生活じたいに大きな振幅があったから、集まってきた「もの」の範囲も広かった。1975年にアトリエが閉じられると、時代も出自も異なるそのおびただしい「もの」たちが、方舟に乗って猪や熊といっしょに日本にやってきた。到るところに

「もの」たちが見え隠れしているその幸せな空間は『画家のおもちゃ箱』（写真・大倉舜二、文化出版局、1984）にまとめられているのだが、それが可能だったのは、画家がこれらの「もの」たちをずっと見捨てず、「もの」たちのほうも画家を見捨てなかったからである。

愛着が薄れたり気持ちが途切れたりすると、彼らはそれを察して、私たちの前からすっと姿を消す。古道具屋や蚤の市で拾いあげるよりも、じつは出会った「もの」たちから愛され続けることのほうがむずかしいのだ。相思相愛の証は、いま目の前に、所有者の過去を知っている「もの」たちが、あたりまえのように鎮座していることに尽きるだろう。愛があっても、それを売り払って空いたところにべつの「もの」を補充していく商売人のような扱いを、猪熊弦一郎はけっしてしなかった。手もとに置いて、ひたすらに愛でた。そうするうちに、経年劣化した色が、崩れた形態が、他の「もの」たちと並んだときに生まれる魂の残留磁気の変化が、創作現場に必要不可欠な空気を送り込んでくれたのだ。引き取られた先で、彼らは姿形の異なる仲間に溶け込み、別の存在を自分の横に呼び寄せる。画家は自分の好みに従ったというより、「もの」たちの無言の要求に応えて置き場所を選んだのである。

残された「もの」たちをアトリエの空気から切り離し、ひとつずつ単体でじっくり眺めるのは酷な仕打ちかもしれない。しかし同時に、それは最初の出会いの新鮮さを取り戻すための作業でもあるのだ。本書『物物』は『画家のおもちゃ箱』に顕著だった魂の色彩を継承しつつ、単体としての「もの」に対して真率な愛を表明したポートレートである。21世紀の、架空のアトリエへの訪問者は岡尾美代子、撮影者はホンマタカシ。

原則として一点につき一枚用意された記憶の肖像を眺めていると、時が経つのを忘れてしまう。たとえば179頁の鍵の、なんとも言えない美しさ。クローバー型の、指で摑んで回す平たい部分にある通し穴の径の絶妙さ、その下に打刻された12-19という数字の、狙ってもこうはならないというずれ具合、そして根元から鍵の先へとつながっている柄の部分の、少しずつ太くなっていくエンタシス状のまろやかさと、鍵先の、鉄道の切符きりで開けたような凹凸の影。この形は、猪熊弦一郎の作品のあちこちに隠れているし、アーリーアメリカンのキルトの紋様も、先の鉛管と同一線上に並んでいる。どのような過去を抱えていても、画家のアトリエにおいて「もの」たちは平等である。見る人がそうだと信じるように見てあげさえすれば、それでいいのだ。

思わず笑みがこぼれるのは、「アメリカで買ったイギリス製の犬」である。『画家のおもちゃ箱』では、彼らは藤田嗣治のポートレートの前に置かれて、写真の主との前髪の類似をさりげなく訴えていた。この犬たちには、なぜか眉毛がある。眉毛犬は日本の子どもたちだけのいたずらではなく、異国にもあったのかと、そう思いながら『物物』を見直すと、ブリキの牛、パピエ・マシェ、陶製の人形や、針を刺されるのを待っているかのようなあの悲しげな人形《ひとがた》からも眉毛が生えだして、画家自身の眉に重なる。「もの」と「もの」を愛する所有者のあいだには奇妙な連帯感が芽生えて、たがいに親族のような顔になるのだろう。

猪熊弦一郎はアトリエに集まった「もの」たちを慈しみながら、自分のてのひらで包む術を、そして「もの」たちに包まれる術を心得ていた。パリとニューヨーク、具象と抽象を隔てる時空のずれを、両者を貫く「もの」たちとともに埋めていたのである。画家が遺した「もの」を見つめることは、作品を産み出した世界の源に触れることでもあるのだ。彼らが醸し出す幸福感だけでなく、愛らしい眉毛の下に隠されていたはずの、張りつめた創作の跡をも、そっと指でなぞっておきたい。

参考書籍

『画家のおもちゃ箱』猪熊弦一郎、写真：大倉舜二、1984年、文化出版局

『家庭画報』1976年9月号、世界文化社

『暮しの設計』115号、1977年、中央公論社

『婦人之友』1978年1月号〜6月号、婦人之友社

『ミセス』1992年1月号〜1993年12月号、文化出版局

関連展示

「物物　Butsu Butsu」

2012年7月15日（日）－9月23日（日）

丸亀市猪熊弦一郎現代美術館　展示室A

写真：ホンマタカシ

展示：岡尾美代子

主催：丸亀市猪熊弦一郎現代美術館、公益財団法人ミモカ美術振興財団

協力：本尾久子、菊地敦己

物物

2012年7月15日　第1刷発行

2014年4月1日　第3刷発行

収集　猪熊弦一郎

撮影　ホンマタカシ

スタイリング　岡尾美代子

エッセイ　堀江敏幸

編集・ブックデザイン　菊地敦己

編集・注釈　古野華奈子

監修　丸亀市猪熊弦一郎現代美術館、公益財団法人ミモカ美術振興財団

発行　ブックピーク（株式会社菊地敦己事務所）

〒107-0062　東京都港区南青山4-25-5-3F

T　03-6805-0362　F　03-6805-0363　studio@akltd.jp

印刷　株式会社山田写真製版所

Printed in Japan

ISBN 978-4-902519-06-8 C0072